吾｜乡｜吾｜土｜丛｜书

吾乡吾土指导纲要

田字格公益◎编

孔學堂書局

图书在版编目（CIP）数据

吾乡吾土指导纲要 / 田字格公益编. -- 贵阳：孔学堂书局, 2025. 3. -- （吾乡吾土 / 肖诗坚主编）.

ISBN 978-7-80770-701-1

Ⅰ. G773

中国国家版本馆CIP数据核字第2024DV4693号

吾乡吾土　　　　肖诗坚　主编

吾乡吾土指导纲要

WUXIANGWUTU ZHIDAO GANGYAO

田字格公益◎编

责任编辑：黄　艳　胡　馨
装帧设计：潘伊莎
排版制作：林杨莉
责任印制：张　莹　刘思妤

出版发行：贵州日报当代融媒体集团
　　　　　孔学堂书局
地　　址：贵阳市乌当区大坡路26号
印　　刷：天津联城印刷有限公司
开　　本：889mm×1194mm　1/16
字　　数：67千字
印　　张：3.25
版　　次：2025年3月第1版
印　　次：2025年3月第1次印刷
书　　号：ISBN 978-7-80770-701-1
定　　价：25.00元

『吾乡吾土』丛书序

自 2017 年秋季学期在贵州省正安县田字格兴隆实验小学（下称：兴隆田小）开启第一堂乡土人本主题课（即乡土主题课前身）始，历经八载的更迭，我们终于完成了“吾乡吾土”丛书的编纂工作，丛书总计 14 册。在此，我们诚挚地将这份凝聚着上海浦东新区田字格志愿服务社（下称：田字格公益）8 年来在乡土人本教育中探索与实践的心血结晶，奉献给所有在乡村教育征途上不懈探索的同行者。

在本丛书中，《吾乡吾土的探索与实践》作为理论、方法和实践核心，为其他图书奠定了坚实的基础；《吾乡吾土指导纲要》则为乡土主题课（下称：乡土课）的整体实施提供了总揽性的指导；“吾乡吾土・引导手册”系列（共 4 册，下称：“引导手册”）分别针对乡村小学一至四年级的乡土课“大山・家”“山中万物”“山中田事”“山中百居”四大主题，制定了详细的教学指导方案；“吾乡吾土・探索手册”系列（共 8 册，下称：“探索手册”）则是配套的学生任务单，供学生在实践中记录学习。

这 14 册图书不仅记录了田字格公益 8 年来在乡土人本教育领域的艰辛探索，更承载了整个团队对乡村教育的深厚情感与执着追求。它们的珍贵与独特在于其系统性、专业性、实践性和可操作性。

本丛书中的“引导手册”“探索手册”专为贵州省乡村小学一至四年级教师及学生定制，深度贴合乡村生活实际，同时参考国家课程标准，探索跨学科的综合实践教学，且均经过在贵州省遵义市正安县、务川仡佬族苗族自治县，黔西南布依族苗族自治州兴义市、贞丰县，以及毕节市七星关区等地共计百余所乡村小学的多年实践和多次迭代优化，确保了其内容的广泛适用性和实践性。为简化乡村教师的教学流程，本丛书的“引导手册”包含详尽的学期教学计划、单元计划及教案，并提供配套电子课件。教师接受简单培训，即可依据“引导手册”轻松开展课堂教学。

值得一提的是，“吾乡吾土”丛书虽是基于贵州百余所田字格公益项目学校的实践经验不断优化总结而成，但对中国山区，尤其是西南地区的学校同样适用，教师根据教学实际对“引导手册”和“探索手册”内容进行适当调整，即可应用于自己的教学。

最后，我们深知，尽管我们已倾注全力，但仍有诸多不足。我们衷心希望各位读者能够不吝赐教，提出宝贵建议，帮助我们不断进步与完善。

肖诗坚

2024 年 11 月 25 日

前言

《吾乡吾土指导纲要》为全面且实用的教学指导参考书，专为根据“引导手册”开展乡土课的教师量身定制。它旨在帮助教师全面深入理解“引导手册”和“探索手册”中的教学活动，并有效实施。

《吾乡吾土指导纲要》首先简述了国家与乡村对乡土教育的双重需求，明确了本书的目标与价值所在。其后，书中通过《大山·家》（引导手册）的迭代历程，说明今日呈现的“引导手册”虽非尽善尽美，但确实是经过多年、多校的教学实践，历经多方参与与数次优化后的成果。

本书通过简要而系统的阐述，为教师构建了一个清晰、实用的教学指导框架，这个框架涵盖了乡土课的设计原则、主题内容、教师的角色、教学方法、教学工具、教学资源等多个维度。

我们针对课程、课堂和学生三个层面，提供了全面的评估信息和实用工具。来自第三方评估机构对过往乡土课的评估信息，可以帮助教师深入了解田字格公益乡土课在其他学校开展的成效；同时，通过对课堂和学生的评估，教师可以更准确地把握自身的教学质量和教学效果。

我们诚挚地希望，《吾乡吾土的探索与实践》《吾乡吾土指导纲要》与“引导手册”“探索手册”共同构成的系列丛书，能够真正实现田字格公益在乡土人本教育推广初期所确立的“低成本、易复制、可传播”的目标。这套丛书为已开展乡土课的乡村学校教师提供了强有力的支持，助力他们更有效地实施教学；同时，我们也热切期盼更多乡村学校能够尝试采纳这套丛书，并据此成功开展乡土课程。

此外，《吾乡吾土指导纲要》与“引导手册”“探索手册”的组合还为学校在推进教育创新、落实国家劳动教育政策、实施综合实践课程、培养全面发展的儿童，以及开发校本课程等方面提供了宝贵的参考和借鉴。我们坚信，这套丛书将成为教师在开展校本课时不可或缺的得力助手，为乡村教育的发展贡献绵薄之力。

上海浦东新区田字格志愿服务社

2024 年 11 月

目录

第一章 缘起与研发实践历程

乡土教育是一种深植于地方文化、历史和自然环境的教育形式，强调将儿童与其生长或长期居住地区的人、事、物、环境相联系，以加深儿童对生活的认识，培养儿童对乡土的认同感和归属感。近年来，国家积极推动乡土教育，将其纳入促进教育公平和传承中华优秀传统文化的重要内容。《国家中长期教育改革和发展规划纲要（2010 — 2020 年）》明确提出要重视课程本土化，鼓励各地开发符合实际的校本课程，以培养儿童的家乡情怀和综合实践能力。

在这一背景下，一些乡村学校也开始尝试开发适合本地特点的校本课程。这些课程大多围绕一次活动或某一主题展开，为学校教育注入了新鲜活力。然而，目前尚缺乏系统化的课程设计和参考书籍，难以满足乡村教育对高质量校本课程的需求。

田字格公益以兴隆田小为其教育研发、实践基地，经过长达八年的乡土教育探索，开发了校本课程 - 乡土课。该课程以乡村文化与自然资源为切入点，并在贵州省百余所村级小学推广实施，为乡村教育提供了一套切实可行的乡土课施教体系。

乡土课是田字格公益自主研发的课程，是一门以尊重**乡村儿童生活地**为原则，以**培养“有根”的乡村儿童**为目标，从乡村儿童的生活经验及成长需要出发设计的，培养乡村儿童综合素养的主题式**跨学科融合课程**。该课程经过在兴隆田小多年的发展、实践与迭代，从单一校本课程成长为可服务多县域、多学校的教育项目。乡土课遵循国家义务教育阶段课程标准，以儿童生活为依托，通过多样化的课堂组织形式，激发了儿童兴趣，提升了儿童综合能力，得到了众多地方教育局和多方教育专家的认可。

一、背景

乡土课是乡村学校和乡村儿童需要的课程，与乡村儿童真实的生活联结紧密。它响应国家要求，回应真实的乡村教育需求，并促进儿童全面发展。

（一）党和国家对新时代教育的要求

中共中央、国务院近年来印发多份文件，对新时代的教育提出了许多新要求。党的二十大报告指出：“坚持以人民为中心发展教育，加快建设高质量教育体系，发展素质教育，促进教育公平。”

2020 年 10 月，中共中央、国务院印发的《深化新时代教育评价改革总体方案》指出，加强儿童劳动教育评价，实施大中小学劳动教育指导纲要，明确不同学段、不同年级劳动教育的目标要求，引导儿童崇尚劳动、尊重劳动，将参与劳动教育课程学习和实践情况纳入儿童综合素质档案。

《义务教育课程方案（2022 年版）》指出，义务教育课程应“加强课程内容与学生经验、社会生活的联系，强化学科内知识整合，统筹设计综合课程和跨学科主题学习”。

2023 年 5 月，教育部办公厅印发的《基础教育课程教学改革深化行动方案》明确指出："学校以促进学生全面而有个性地发展、健康成长为目标，高质量落实国家课程，建设校本课程，将课程理念、原则要求转化为具体的育人实践活动，构建体现学校办学特色的课程育人体系，注重持续优化。"

（二）乡村拥有丰富的教育资源

田字格公益在教学探索与实践中深刻认识到，大部分乡村学校坐落于风景优美的山水之间，扎根于丰富多彩的乡土文化之中，这种得天独厚的环境为乡村儿童提供了在自然和乡土文化氛围中学习成长的独特条件。乡村拥有大量尚未被充分利用的自然资源、生态资源和传统文化资源，这些资源如果被有效开发和转化为教学资源，将为乡村教育注入新的活力。

利用这些丰富的乡土资源开发具有乡土特色的综合性课程，不仅能够满足国家教育政策的要求，还能够落实党和国家提出的促进儿童全面发展的时代教育目标。将乡村的自然与乡土文化融入课程，不仅能增强儿童对本土文化的认同感，还能培养他们的综合实践能力和解决实际问题的能力。乡土课是这一理念的最佳载体之一。乡土课以跨学科的方式设计，围绕与乡村儿童经验和现实生活密切相关的主题展开，不仅契合乡村学校的实际需求，也为教师提供了将国家课程标准本土化、贴近乡村实际的实施路径。

通过开发和实施乡土课，可以充分挖掘乡村资源的教育价值，让乡村儿童感受到教育的温度，发现知识与生活的关联，为他们的全面发展和未来成长奠定坚实的基础。

（三）乡村学校缺少以乡土教育为内涵的系统校本课程

目前，我国乡村学校的课程设置和教材内容严格遵循国家课程标准，与城市学校保持一致，并采用统一的考试标准。然而，这种"一刀切"的课程设计忽视了乡村学校的特殊性，使教学内容与乡村实际、儿童的日常生活以及乡村文化脱节，让乡村孩子难以有效应对未来将面临的各种真实的生活情况。

《义务教育课程方案（2022 年版）》虽然倡导在教学中创设真实情境，培养儿童认识真实世界和解决实际问题的能力，但乡村学校在师资力量、课程资源和实践条件上普遍存在短板，难以将这些要求转化为具体的教学实践。乡村学校迫切需要开发符合自身特点的校本课程，以弥补现行课程体系的不足。然而，乡村教师承担着繁重的教学任务，缺乏时间投入课程研发，个人、单一学校或小县教研室均难以独立设计适合乡村特点的创新课程。此外，现有课程资源中缺乏系统性、贴近乡村生活与文化的内容，导致教师无法为乡村儿童提供真正契合他们成长需求的教学内容。

这种课程资源的缺乏，不仅制约了乡村学校校本课程的本土化发展，也在一定程度上削弱了乡村教育对儿童真实生活需求的回应能力。因此，如何为乡村学校提供适配性强、系统化的校本课程资源，成为当下乡村教育亟待解决的关键问题之一。

二、目 标

乡土课的核心目标是培养“有根”的孩子。所谓“有根”，指乡村孩子有对家乡的认同感，有身份及地域的归属感，他们是热爱自然的，也是热爱乡土的，他们“走出大山能生存，留在大山能生活，面向未来能生长”。

基于乡土课的核心目标，同时参考2016年《中国学生发展核心素养》总体框架中提到的18个基本核心素养的内涵，最终乡土认同、自信分享、沟通合作、勇于探究、实践创新、乐学善学、审美情趣、社会责任成为乡土课的8大核心素养目标，如表1所示。

表1　乡土课核心素养的内涵诠释

核心素养	释　义	学科目标描述
乡土认同	指个体对乡土的认可与肯定。具体来说，即承载着某地乡土记忆的个体在了解、认识自己生长地方的自然资源与人文历史的基础上，唤起或加深对乡土的归属感、责任感等，进一步生发改善家乡的具体行动[1]	**了解家乡** 学生了解家乡的自然生态、社会生活与地域文化
		热爱家乡 学生能对家乡的人、事、物建立正向认同
		回馈家乡 学生具有参与家乡建设、传承家乡文化、保护家乡自然生态的积极意愿
自信分享	学生愿意在公众场合，自信、大方、有礼貌地分享自己的观察、思考、感受及作品	**分享态度** 学生乐于与他人分享自己的观察、思考和感受
		分享形式 学生能自信、大方、有礼貌地上台分享，并能借助语气、表情、肢体动作吸引观众的注意力
		分享内容 学生能围绕主题清楚明白地分享内容

1　方一芳：《农村小学高段学生乡土认同现状和学校教育支持研究》，硕士学位论文，温州大学教师教育学院，2021，第9页。

续表

核心素养	释　义	学科目标描述
沟通合作	学生能在团队中积极遵守合作学习约定，开展合作并进行分工，互帮互助；沟通是合作的前提与基础，在与别人沟通时，倾听比说话更重要	**积极沟通** 学生乐于与他人互动，学会积极倾听与交流
		合作互助 学生能在团队中积极遵守合作学习约定，开展分工合作，互帮互助
勇于探究	学生具有好奇心和想象力；能不畏困难，有坚持不懈的探索精神；能大胆尝试，积极寻求有效的解决问题的方法等	**培养探究精神** 学生对生活中的现象具有好奇心、想象力与探索精神，不怕困难，大胆尝试
		提高探究能力 针对既定问题或任务，学生能通过多种方法寻找证据处理信息，能运用逻辑推理得出结论
实践创新	学生在日常活动、问题解决、适应挑战等方面所形成的实践能力、创新意识和行为表现。具体包括劳动意识、问题解决、技术应用等基本要点	**树立劳动意识** 学生初步掌握简单的生产生活技能，具有积极的劳动态度，能与他人合作劳动
		解决问题 学生能依据特定情境和具体条件，综合运用学科知识与创新思维，制定合理的解决方案，尝试解决生活中的问题
		实现创意物化 学生发挥创意和想象力，通过动手操作将创意转化为有形物品或实际行动
乐学善学	学生能正确认识和理解学习的价值，具有积极的学习态度和浓厚的学习兴趣；能养成良好的学习习惯，掌握适合自身的学习方法，能自主学习，具有终身学习的意识和能力等	**乐于学习** 学生能从探索生活环境开始，对学习逐步产生兴趣，能积极参与不同类型的学习活动
		善于学习 学生掌握思维导图、农作物观察笔记等学习工具的运用方法，初步形成自主学习的意识与能力
审美情趣	学生具有艺术知识、技能与方法的积累；具有发现、感知、欣赏、评价美的意识和基本能力；具有健康的审美价值取向；具有艺术表达和创意表现的兴趣和意愿，能在生活中拓展和升华美等	**感受美** 学生能运用（调动）各种感官，发现、感知、欣赏生活中的自然美、文化美
		评价美 学生能欣赏生活中的美和他人的作品
		创造美 学生能结合观察，大胆想象，使用多种媒材，运用线条、色彩、形状等基本元素进行艺术创作

续表

<table>
<tr><th>核心素养</th><th>释　义</th><th>学科目标描述</th></tr>
<tr><td rowspan="2">社会责任</td><td rowspan="2">学生自尊自律，文明礼貌，诚信友善，宽和待人；孝亲敬长，有感恩之心；能主动作为，履职尽责，对自我和他人负责</td><td>爱亲敬长
学生能体贴家人、尊敬长辈，对家人有感恩之心</td></tr>
<tr><td>关心集体
学生能参与制定并积极维护公共规则，愿意通过实际行动让学校、家庭、村庄更加和谐美好</td></tr>
</table>

三、价　值

经过多年的实践，田字格公益发现乡土课对于乡村儿童的全面发展、乡村教师的专业提升，以及乡土教育的深入探索，都具有重要的价值。

（一）培养全面发展的儿童

乡土课以乡村儿童的日常生活、生态环境以及地域文化为素材，帮助他们更好地认识家乡，从而培养他们对家乡的认同感和归属感。

不同于传统科目，儿童在乡土课上由被动接受变为主动探索，提高了学习兴趣的同时，还能得到更多表现和发声的机会。乡土课通过多样化的课程设计，给儿童提供各种展示的机会，这在很大程度上提升了儿童的自信心。乡土课通过丰富的绘画、手工创作等实践活动，为儿童创造力、想象力的开发提供了一个多元化的平台。

（二）帮助乡村教师专业发展

田字格公益在推广乡土课时，也会给乡村教师开展提升课堂管理、以儿童为中心等主题的多种培训。这些培训提高了教师的专业知识水平，促进了教师的专业发展。乡土课中的小组合作、展示分享、角色扮演和游戏学习等多样化的教学形式，不仅活跃了课堂氛围，而且成了很多教师在主科教学中的选择，提升了教师的教学能力。

（三）落地乡土教育的有效途径

这套内容全面且实用性强的“吾乡吾土”丛书，不仅有效解决了乡村学校在开设校本课时缺乏参考教案的问题，而且提供了一种“低成本、易上手、好操作”的教学模式，满足了乡村教师的实际需求。“引导手册”内容详尽且指导性强，教师只需结合田字格公益官方网站提供的乡土示范课，配合实用的“探索手册”，即可在乡村学校开展乡土课。

此外，乡土课通过跨学科的方式整合教学内容，如将美术等艺术教育与乡土文化相结合，不仅丰富了课程内容，还有效缓解了乡村学校“小三门”（音乐、美术、体育）教师师资不足的状况。

最后，《吾乡吾土的探索与实践》与“引导手册”中的体验学习五步教学法（下称：五步教学法）具有简单易操作的特点，为乡村学校教师提供了开发校本课程的模板，教师据此方法还能够灵活地设计出适合本校特色和需求的课程。

四、历　程

（一）从在兴隆田小研发乡土课到多地实践

自2017年秋季起，兴隆田小开始探索乡土人本主题课，主题包括“大山梦工场”“大山·家·我的行动改善计划”“兴隆的飞禽走兽”“兴隆的节气与节日”等，涵盖植物、动物、节气、节日等多方面内容，课程内容丰富且贴近学生生活，课程形式和教学方法多样，极大地激发了兴隆田小学生的学习兴趣，得到了教育界的高度关注和肯定，并引发了乡村教育一线教师及校长的广泛关注。

2018 年秋季学期，田字格公益开始探索并研发适合县域更多乡村小学实施的乡土课。

2019 年 1 月，田字格公益选定正安县 4 所乡村小学为首批乡土人本种子学校。田字格公益为其提供线下培训、课程资源包（含“引导手册”及其课件、“探索手册”）、现场指导、线上教研等多方位的支持，这次尝试为乡土课后续的开发和推广奠定了基础。

2020 年 8 月，田字格公益与中国发展研究基金会、正安县教育体育局合作，启动“乡土村小：农村小学教育质量提升计划”项目。该项目逐渐覆盖正安县 33 所乡村小学，并在 2022 年春季学期拓展至贵州省毕节市七星关区。2023 年秋季学期，项目又被推广至贵州省遵义市务川仡佬族苗族自治县。

2022 年秋季学期，田字格公益与贵州省黔西南布依族苗族自治州贞丰县教育局合作，将乡土课推广至贞丰县的村级小学，此即“贞丰 N 校”项目。

“乡土村小”项目和“贞丰 N 校”项目均以县域为单位，让田字格公益的乡土课走进更多乡村小学课堂。在县级教育局的支持下，田字格公益项目部伙伴通过走访、培训、组织教研活动和提供系统化的课程资源包等方式，为乡村教师赋能，进而提高乡村教育质量。两个项目共同构成了田字格公益的“乡土 N 校”项目，也是田字格公益乡土人本教育的核心项目之一。

截止到 2024 年春季学期，“乡土 N 校”项目共覆盖贵州省遵义市正安县、务川仡佬族苗族自治县、毕节市七星关区和黔西南布依族苗族自治州贞丰县共计 105 所乡村小学，有 680 多名教师参与乡土课的教学中，超 20000 名学生受益。

（二）课程迭代——以“大山·家”为例

乡土课共有四大主题，分别为“大山·家”“山中万物”“山中田事”“山中百居”。四大主题从最初在兴隆田小研发到后来推广至项目学校，经过了大量的课程实践和调整，以满足不同地区的需求。我们以“大山·家”的迭代为例进行说明。

2018 年春季学期，“大山·家·我的行动改善计划”［即“大山·家”（1.0 兴隆版）］在兴隆田小开发成功并首次投入教学。

为了更好地适应项目学校教师和学生的情况，2020 年，田字格公益对“大山·家”（1.0 兴隆版）课程资源包进行简化，形成“大山·家”（2.0 正安版），并给项目学校提供了由“引导手册”及其课件、“探索手册”、活动教具组成的课程资源包。之后，团队使用“大山·家”（2.0 正安版）在正安县一所大班额（班级人数多于 35 人）的学校——格林镇太平小学试课，并根据教师授课的反馈再次调整课程资源包为“大山·家”（3.0 正安版）。

2020 年秋季学期，该版本在贵州省遵义市正安县的 25 所村级小学进行了推广。

2021 年秋季学期，在“大山·家”（3.0 正安版）基础上，团队给教师提供了利用本乡镇资源开展活动的建议，同时减少了课堂户外活动的频次，由此诞生了“大山·家”（4.0 正安版）。

2022 年春季学期，乡土课继续向毕节市七星关区推广，团队根据本地区资源和学校情况进行了相应的课程资源包调整，以增强课程与该地区的适配性，形成了“大山·家”（5.0 毕节版）。

2023 年春季学期，根据毕节市七星关区项目学校的教师反馈，团队在“大山·家”（5.0 毕节版）基础上调整形成了“大山·家”（7.0 毕节版）。与此同时，乡土课走进黔西南布依族苗族自治州贞丰县，团队根据贞丰县特色，在“大山·家”（4.0 正安版）的基础上调整课程资源包，形成“大山·家”（6.0 贞丰版）。2023 年秋季学期，当乡土课走进黔西南布依族苗族自治州兴义市时，团队又根据兴义市特色调整课程资源包，形成了“大山·家”（8.0 兴义版）。

近 8 年来，田字格公益团队不断对乡土课四大主题进行优化和调整，开发了大大小小的不少于 650 个课时的课程资源包，以满足不同地区学生的需求。

第二章 设计原则与主题内容

一、设计原则

（一）尊重乡村儿童的生活地

尊重儿童生活地是田字格公益重要的教育原则之一，在乡土课中具体体现在以下三个维度：社会生活、自然生态及地域文化。

1．儿童社会生活的融入

乡村的社会生活往往具有鲜明的地方特色，它不仅体现在日常的家庭劳动和社会互动中，也体现在一些富有地方特色的活动和习俗中。看戏、赶集、种地、放牛等活动不仅丰富了儿童的生活体验，也深刻影响了他们的社会认知、情感发展和文化认同。儿童在与亲人、伙伴、村庄及自然的互动中成长，他们的世界观和人生观深受其周遭世界及日常经验的影响。尊重乡村的社会及生活，意味着教育要关注乡村儿童的现实生活，理解他们的需求、困境与潜力。同时，乡村儿童对邻里关系、家庭构成、劳动技能等方面有着自己独特的理解，尊重这些社会生活能够帮助儿童在熟悉且易于共情的环境中学习，从而形成坚实的自我认知、社会认知，提高实践能力。

2．尊重和保护自然生态

在乡土教育中，尊重自然生态意味着不仅要让儿童学习如何保护环境，还要培养他们对自然的深刻理解。很多时候，我们过于强调人类文明的优越性，而忽视了自然生态自身的规律和价值。例如，农村的泥土、沟渠、杂草，甚至一些看似“脏乱”的地方，实际上是生态系统中真实存在的一部分。这些“脏乱”的地方可能是动植物的栖息地，是微生物循环的一部分，是保持生态多样性和稳定的关键。因此，乡土教育不仅仅教导儿童要爱护环境，还要让他们认识到“自然”的样貌，并以一种包容和理解的心态去接受和尊重这种自然的美及其“杂乱”与“脆弱”的一面。

尊重自然生态的教育原则要求教育者不以人类文明为唯一标准去评价自然，而要引导儿童从生态系统的整体性和可持续性角度出发，理解人与自然之间的和谐共生。通过培养儿童对生态秩序的敬畏与尊重，帮助他们建立更加深厚的环保意识和责任感，让他们学会在不破坏生态平衡的前提下，与自然和谐共处。

3．尊重与理解地域文化

从社会学和教育学的角度来看，“地方性知识”（local knowledge）和“文化适应性教育”（culturally responsive education）强调，教育应该与儿童的生活经验和社会背景相契合。每个地方的文化传统与习俗深刻影响着儿童的思维方式、行为习惯和价值观。尊重地域文化，意味着教育要传授知识和技能，更要帮助孩子们理解、传承和发扬本土文化，培养他们的文化自信。

尊重地域文化是对地方风俗、习惯和传统的尊重，更重要的是尊重并理解其中所蕴含的民族文化和地域的独特性。每一个地域文化的背后，都有其深厚的历史积淀和独特的民族智慧。这种文化的独特性，表现在语言、民间艺术、节庆活动、宗教信仰，以及人们日常生活的方方面面，它构成了地方居民的精神世界和行为模式，也是他们身份认同的核心。

在乡土教育中，尊重地域文化意味着承认并传承这些地域文化的独特价值，特别是要传承那些可能在全球化潮流下逐渐消失的文化元素。乡村的传统音乐、舞蹈、戏剧、手工艺等，往往蕴含着深厚的民族情感和独特的审美价值。这些文化形式是历史的见证，更是活生生的教育资源，它们通过传递历史经验、道德规范和生活智慧，塑造着一代又一代人的价值观和生活方式。在乡土教育中，儿童通过与本土文化深度接触，理解、传承和发扬本土文化，以拥有更强的文化自信，从而能够在全球化背景下坚持自己的文化认同并拥有归属感。

总之，从社会、生态与文化三个维度出发尊重儿童生活地，体现了乡土人本教育回归儿童生活环境的深刻理念。在乡土教育中，乡村儿童的日常生活、生态环境以及地域文化，不仅是他们学习的素材，还是他们认知自我、社会、自然和文化的土壤。通过尊重儿童生活地，不仅帮助儿童成为“有根”的人，还帮助他们建立独立的思维方式和良好的行为规范。因此，尊重儿童生活地的原则及其三个维度深刻影响了田字格公益乡土课主题的选择，以及主题网的构建。

（二）坚持主题式跨学科融合

田字格公益乡土课在概念确立和研发之初，就确定了一个重要研发原则：坚持主题式跨学科融合。乡土课不仅**遵循国家义务教育阶段课程标准**，而且深入结合了语文、道德与法治、科学、美术、综合实践、劳动教育等多个基础教育阶段学科的教学目标。

乡土课的跨学科课程设计，是田字格公益开展教育创新的一个重要体现，因为这种跨学科设计打破了传统学科的界限，将不同学科的知识有机地融合在一起，形成了一个相互联系并相互支持的知识体系。乡土课四大主题主要跨学科领域，如表 2 所示。

不同学科在乡土课的融合，让学生不仅能深入学习特定领域的知识，还能够了解其他领域的基本概念，从而增加知识的广度。通过跨学科学习，学生能更好地理解现实世界的复杂问题，并能运用不同领域的知识来解决问题。在“山中田事”这一主题中，早期有一堂课叫作“我的农场我做主”，学生在 80 分钟时长的课堂中，不仅要运用数学知识计算种植不同蔬菜所需的种子数量和预算，还要了解植物的生长周期、土壤条件和季节性种植。此外，他们还要学习基本的劳动技能，如如何安全地使用农具和播种等。这个课程不仅涵盖了数学、农业科学、劳动技术，还融入了综合实践活动。

表2　乡土课四大主题主要跨学科领域

主　题	所涉学科
大山·家	语文、美术、综合实践、劳动教育
山中万物	道德与法治、科学、美术、综合实践
山中田事	劳动教育、科学、语文、美术
山中百居	综合实践、科学、美术、劳动教育

（三）应用五步教学法

五步教学法是设计乡土课的主要工具。无论是学期教学计划，还是单元设计、日课教案设计，都离不开五步教学法的应用。五步教学法可以简单归纳为：体验、学习、创造与行动、分享、联结与升华。师生通过五步教学法完成对知识与技能、能力与情感的培养及学习，形成良性上升的学习闭环（详见《吾乡吾土的探索与实践》第四章内容）。

乡土课每个单元按照五步教学法设计，每个主题的学期设计也基本遵循该教学法，以五步教学法在“山中万物”主题学期设计中的体现为例，如表3所示。

表3　五步教学法在“山中万物”主题学期设计中的体现

五步教学法	学期设计
体验	第一个主题单元为“走进山中万物”。学生用身心感受山中万物，积累对山中万物的感性认识，形成对山中万物概念的初步认识
学习	第二个主题单元为“遇见植物王国”，第三个主题单元为“探寻动物世界”。教师带领学生通过自主观察、小组讨论、自主阅读、教师讲解等方式，熟悉山里常见植物的类型、名称和外部特征，了解常见动物的外形、饮食、休息、活动等方面的特性
创造与行动	第四个主题单元为“大山·生命的乐园”。学生将利用之前学到的关于动植物的知识，通过角色扮演的方式模拟一场动植物大会。在活动中，每位学生都要思考自己所扮演的角色与自然界中其他生命（动植物）之间的关系，并将这些关系表达出来。之后，学生将结合自己对山中动植物的理解和所学知识，发挥想象力，绘制出他们心中的动植物“乐园”，此部分属于创造与行动
分享	学生将绘制的动植物“乐园”挂在班级内或学校内进行展示
联结与升华	“大山·生命的乐园”这一主题单元，通过创作、分享等活动和教师的总结，让学生再次感受到生命的丰富多样和生态平衡的和谐美好，使学生对身边事物产生更深的联结，对自然产生敬畏和责任感

二、主题内容

结合贵州山区特点、儿童生活实际和发展特点，田字格公益开发了四大主题课程：“大山·家”“山中万物”“山中田事”“山中百居”。

（一）“大山·家”

“大山·家”为一年级学生设计。以“家”为主题，围绕“家是什么？家乡又是什么？我的家乡有什么独特之处？”等内容展开，学生通过一系列的互动和体验活动，建立对家的理解，认识家乡不仅是生活成长的地方，还是塑造自我的“根”之所在。通过了解家乡、认识大山，学生加深了对家乡的认知和情感，即使未来走出大山也依然能获得家乡这个“根”的支持，依然能在未来广袤的世界里认识世界，认识自己。

（二）“山中万物”

“山中万物”为二年级学生的主题课程。课程主要围绕“我们身边有哪些常见的动植物？动物植物间有什么关联？山中自然事物有哪些？它们对生命有什么影响？”等内容展开，教师将带领学生走进五彩斑斓的自然世界，观察植物和动物，学习如何与动植物和谐共生，认识各种自然事物，感受自然的韵律。

（三）“山中田事”

“山中田事”是三年级学生的田野课堂。课程主要围绕“山中田是怎么来的，农作物播种体验，农具、节气、丰收”等内容展开，旨在让学生亲身体验农业生产活动，重新建立与土地的联系。学生将通过参与农作物的种植与观察等活动，学习并了解农作物生长所需的关键要素，感悟农民伯伯的辛勤付出以及千百年来的农作智慧，学习丰富的农业文化。

（四）“山中百居”

“山中百居”是四年级学生的主题课程。在课程中，教师将带领学生观察动物的巢穴，走进贵州传统的吊脚楼、石板房，以及现代的乡村别墅、小楼，探索家乡的居住环境，理解居住形态背后的历史传承、地域特色和文化智慧。

第三章 教师角色及要求

一、教师的角色

乡土课教师除了是讲台上知识的讲授者和传授者，更多时候还会走下讲台，带学生一起做手工或创作故事，带着孩子们走出课堂，外出搜寻、观察学校或村里的动植物，走进田野观察田地和农作物，参观周边的古老民居，一起了解和研究房屋的构成……

所以，乡土课上的教师角色多变，可能是讲述者、支持者、引导者，也可能是导演、演员、观众、裁判，还可能是评估者……

教师在乡土课上有五种常见角色，分别是学习者、组织者、导演和演员、引导者、观察者。

（一）学习者：不断探索与成长

乡土课是一门跨学科的综合性课程，它涉及自然科学、人文历史、艺术创作等多方面的知识。每个人对相关知识的了解不可能做到面面俱到，这就要求乡土课教师要永葆对教育探索、对学习的热情，做一名终身学习者。

乡土课上所学虽多是学生身边的所见所闻、日常的衣食住行和村民的生活劳作，但即使是出生在乡村的教师，也未必认真观察了解过身边的事物，如家谱，没见过；常见的野花、野草，不认识；一些看似常见的农具，不了解；居住的房屋构造，不清楚……在教学中要想讲解清楚这些事物，教师不仅需要从书本及网络上学习，还要向大自然、向村里的老乡学习，甚至还要向自己的学生学习。

虽然教师可以依靠“引导手册”“探索手册”开展教学，但要想上好乡土课，还需要教师根据自己班级学生的学情及地域特点补充完善和修正。

除了在教学内容上教师需要开阔视野多学习，在教学方法和技能上，也要不断学习，让自己变成多面手。

（二）组织者：有效实现教学目标和任务

毫无疑问，教师是课堂教学活动的组织者。什么是组织者？组织者是活动的发起人和指导者。组织者需要通过一系列**指导和调控措施**，让参与者能**积极、主动、有序地**开展活动，进而**有效地实现目标和完成任务**。所以，教师作为组织者，应首要关注目标和任务是什么，以及该如何实现。

相比传统课堂，乡土课“以学生为中心”，所采用的小组合作、分享创作等教学活动都对教师的组织能力提出了更高的要求。很多乡土课教师反映，他们在课堂上组织教学活动时，常常会遇到各种问题和挑战，如活动过程很热闹，好像人人都参与了，但没有真正的成效；布置完任务，部分学生仍然不知道自己该做什么；开展课堂活动时，学生过于活跃，根本控制不住秩序与节奏；课堂中，有的学生一直游离在课程活动之外，等等。

为什么会如此？前面所述的课堂问题都反映出了哪些不足呢？教师的教学目标不清晰；学生对目标没有清晰认识，缺乏方向感；教师指令不明确，任务内容未能准确传递给学生；课前准备不到位；课程中给予困难学生的支持不足等。那教师身为课堂的组织者，怎样才能组织好一堂课呢？

要避免出现如上问题，教师在组织教学活动之前，一定要问自己几个问题：本次课程希望学生达成什么目标？设计的每个环节是如何帮助学生达成目标的？学生在课程中可能遇到哪些困难？要达成目标，我能做什么，要提前做哪些准备？

接下来，将以三年级“山中田事”第一课“走进山中观察田”这堂户外教学活动为例，说明教师如何组织好一堂乡土课教学。

这堂课一共四个教学环节，其中环节一“上节课回顾”和环节四“本节课总结”基本上是每堂乡土课的必备环节，学生通过课程的一头一尾在重复中熟悉乡土课的节奏，养成一定的稳定感、秩序感。环节二“走进山中观察田”和环节三“山田观感共分享”是主要教学活动展开的环节。

我们来看看环节二“走进山中观察田”中，教师作为组织者要做哪些事情，如表 4 所示。

表4 “走进山中观察田”中教师作为组织者的行动、职责

课堂环节	教与学内容	教师作为组织者的行动、职责
环节二 “走进山中观察田” （35 分钟）	1. 教师引入：你观察过我们身边的田吗？现在这个季节，我们观察田会有什么收获呢？今天，就让我们一起走进秋天的田，开启“走进秋日山中田”单元的第一课吧 2. 教师介绍任务和规则： （1）任务：走进山中观察田 （2）熟悉“探索手册”中的“山田观察指南” （3）以小组为单位外出观察田 （4）遵守合作学习约定：“多方求助”“积极助人” 3. 教师组织示范：教师选择一个小组，带领该组组长和组员，向全班同学示范该如何“多方求助”“积极助人” 4. 教师组织学生熟悉“探索手册”的内容 5. 思考与互动：在户外观察的过程中，我们要注意什么？ 6. 教师组织回顾户外课堂约定及违反约定的处理方法	1. 该环节里出现了两次“约定”，“约定”是每堂乡土课都会多次出现的词，需要教师经常和学生强调，并在学生出现违规行为后及时处理，以保证各环节有序进行，最终实现目标和任务 2. 为了能够在规定时间内将活动有效完成，每个小环节必须控制时间，教师可以借助计时工具（手表、手机、计时器等）来把控活动，将每个环节的时间控制在计划时间内完成；同时，在每个小环节开始前，要和学生说明限制时间，并在活动即将进入下一环节或结束时，提前向学生预告时间，以便他们做好准备 3. 外出活动前，教师的主要工作是让学生**熟悉观察任务和规则**。在这个过程中，教师需要采用讲解、示范、答疑、提问确认等多种方式，来确保每位学生都清楚外出活动要做什么以及怎么做

续表

课堂环节	教与学内容	教师作为组织者的行动、职责
环节二 “走进山中观察田” （35 分钟）	7. 教师组织学生带好物品排好队，有序到达观察地点 8. 教师引导参考： （1）整体观察：从远处看，田是什么形状？田里有什么颜色？ （2）细节观察：选择一块田，仔细观察近处细节，你有什么发现？ 9. 教师组织学生有序回到教室	4. 在活动中，保证有序：有序到达观察地点，有序观察，有序回到教室 5. 为了做到“有序观察”，要让学生清楚观察什么、怎么观察，教师既可以像本堂课一样集中引导，也可以说清楚观察要求后让学生自主观察。如果开展学生自主观察，教师则要走动巡视，了解学生的观察情况，并及时给予指导，解决学生遇到的问题

注：为了集中体现“组织者”这个角色，此处引用的教学设计做了适当删减。

环节四是“本节课总结”，对课堂组织者来说，每个小活动和每堂课最后的总结非常重要，可以是重申活动目的、强调活动结论，让学生更加清楚这堂课的目标；也可以是对学生活动表现的评估反馈，让学生清楚下次活动的改进方向。当然，教师也需要自己做一个复盘，通过一次次的实践来提高课堂组织能力。

综上，作为组织者的教师，需要围绕课程目标和任务，设计有吸引力的课程活动，并在课程中把控活动流程，保证课程有序、有效地完成，并在活动后进行总结复盘，明确提升方向。

（三）导演和演员：课堂是舞台

狭义来说，在乡土课的课程设计中，为增强学生体验感和学习趣味，让学生能够对人物、故事情节或某个场景有更深的了解，我们会设计角色扮演、课本剧等教学活动。而要做好这些活动，就需要教师转变角色，或成为“导演”，设计剧情、准备道具、指导演员演出，或成为“演员”，和学生一起参与其中。

作为“导演”的教师，需要给学生安排不同的“角色”。有时教师可以根据角色的要求、扮演难易度安排不同的学生参演，有时则由学习小组自由讨论，让学生自己认领角色。

教师作为“导演”，在教学设计上要尽量增加故事性，通过悬念保留神秘性，同时要让“主角”——学生，在课堂上得到充分的展示。教学过程中要关注指导学生每个环节的言行，如分享环节，指导学生如何上台分享，从哪边上台、哪边下台，上台后要先自我介绍再分享，分享时要注意语音语调，分享完要感谢鞠躬等。

教师作为“演员”，主要强调在课堂上要打开自己，课堂表情、语音语调、肢体语言等要更加外放一些，具备演员那样的吸引力、表现力，让课堂更加生动、有趣，以激发学生的兴趣，吸引学生跟着自己的内容、节奏走。

（四）引导者：学生为主体

在乡土课教学中，教师可能会通过创设情境、提出问题等方式，激发学生的学习兴趣和好奇心，引导学生主动思考，积极参与课堂讨论和学习，引导学生运用所学知识解决问题……引导者，是教师最常见的角色之一。

乡土课上，教师常用三种引导方法：提问、任务拆解、示范。

提问。建议教师尽量提开放性的问题，而非封闭式的是否问题，相比之下开放性问题能够真正引发学生思考。像上文引用的环节二“走进山中观察田”中，教师在引导学生观察时，有目的地从几个维度深入提问，且问题多是“what”“why”“how”的开放性问题，学生必须观察思考后才能回答。例如：

田的形状：田是什么形状？为什么是层层叠叠的？为什么每块田都很小且形状各异？

石墙：田边为什么要砌石头？石头从哪里来？

灌溉设施（水渠等）：水渠通向哪里？为什么要建水渠？

田埂：田埂是怎么来的？为什么要建田埂？

农作物：田里一般有哪些农作物？

任务拆解。化繁为简，化多为少，让任务变得简单易操作，可以从以下几个角度来拆解任务。

拆内容：将任务内容划分为若干维度或主题，如观察、描述、创作、分享等。课程设计的每个环节其实就是拆分内容——将一堂课的教学内容拆成几个部分，从易到难，一步步引导学生掌握。

拆步骤：将大任务分解成若干个小而具体的步骤，将每个主要步骤进一步细化成更小的、可操作的子步骤，确保每个子步骤都是具体、可操作、可衡量的。

拆分工：根据每个学生的能力、兴趣和专长，将任务进一步细分为个人或小组可独立完成的子任务。

拆能力：根据任务将学生在不同能力上的表现拆分成如合作力、表达力等，以做相应能力的培养。

示范。通过讲解范例，明确告诉学生可以怎么做。每堂乡土课上均有示范，教师示范内容如何分享、给出一些作品范例等。

以二年级“山中万物”的“开学第一课”中“投票选组长”环节教学内容为例，让我们看看在这个环节中教师如何使用提问、任务拆解、示范三种引导方法，如表 5 所示。

表5 “开学第一课”中“投票选组长”环节使用的引导方法

<table>
<tr><th>课堂环节</th><th>教与学内容</th><th>引导方法</th></tr>
<tr>
<td>“投票选组长”环节（15 分钟）</td>
<td>1. 教师引入：教师询问学生组长的工作职责。组长是教师的小助手，主要任务是协助教师开展活动、维持小组纪律、帮助小组更好地完成任务，所以每个小组要选出一位组长
2. 教师介绍任务及规则：
（1）任务：选组长
（2）发言音量为“2”，时长 8 分钟
（3）经举手表决，如果小组中大多数人同意某位同学当选，该同学即为本组的小组长
（4）遵守合作学习约定：“轮流发言”“举手表决”
<table>
<tr><th colspan="2">轮流发言</th></tr>
<tr><td>该怎么做</td><td>该怎么说</td></tr>
<tr><td>☆一次只有一个人发言</td><td>☆“我建议组长为……”</td></tr>
</table>
<table>
<tr><th colspan="2">举手表决</th></tr>
<tr><td>该怎么做</td><td>该怎么说</td></tr>
<tr><td>☆同意举手
☆不同意则不举手</td><td>☆“我同意，我举手。”
☆“我不同意，我不举手。”</td></tr>
</table>
3. 教师示范如何进行“举手表决”。教师走到一个小组前，扮演组员的角色，说：“同意田小格做我们组组长的请举手。”“我们组有 5 位同学举手表示同意，少数服从多数，田小格成为组长。”
4. 教师组织各小组完成选组长的任务
5. 教师宣布各小组组长名单</td>
<td>1. 提问。教师可先通过提问让学生思考组长的职责，也让学生明白接下来要提名谁来作为组长
2. 任务拆解。教师将选组长这个任务拆解成：了解组长职责、小组成员轮流推选组长、举手表决选出组长
3. 示范。教师示范如何进行“举手表决”</td>
</tr>
</table>

在田字格公益的研学活动中，教师也充分体现了“引导者”角色。教师只在可能出现安全问题时现身主导局面，其他时间由学生主导，不论是研学路线、行进的速度，还是如何完成研学任务，都尽量由学生自己讨论确定。走错路线了，或者任务遇到困难了，教师都不会主动干预，只在学生主动求助的情况下给予一些引导。

（五）观察者：养成记录反思的习惯

观察课堂对教师非常重要。教师在组织课堂教学时，需要一定程度地抽离出来，成为“观察者”，有目的、有计划地观察课堂中正在发生什么、自己在做什么、学生在做什么。这既有助于教师及时发现课堂上的问题并予以解决，也能更好地观察到学生在课堂上的表现，从而提升课堂效果及加深学生的认识。

如何观察？

教师作为“观察者”，最重要的是对课堂的“自我觉察”，而这种“觉察力”需要有意识地练习。课堂记录是非常重要的一个观察途径，教师可以在课后撰写教学记录、教学感受、教学反思，也可以进行课堂录像，或者邀请其他老师来听评课，做听课记录。如果教师长期坚持这些或文字或影像的记录，并对记录进行反思总结，那对于课堂教学、学生成长都会有更深的理解，也会养成更高的观察敏感度。

教师具体要观察记录什么？

一是要观察教学目标、教学设计的完成情况。包括课堂是否按照教学计划在执行，学生的反馈是什么，教学目标是否在这个过程中实现了。

二是观察学生的言语行为，观察学生在每个环节的参与度、反应。在学生小组合作、户外自主观察等环节，教师要巡视观察每个小组合作、每个学生完成任务的情况，并及时给予指导及支持。

如果教师对于课堂各环节的组织已经游刃有余，可以根据班级或课堂需求设置一个相对长期的观察目标，如课堂上重点观察学生小组合作的表现，观察某个同学的表现等，并作观察记录，一段时间后可对比前几次的记录是否有变化。

二、对教师的具体要求

（一）乡土课需要怎样的教师

田字格公益期待乡土课教师具有如下特质：

1. 热爱乡村，热爱乡土文化

乡土课教师能够认识到乡村具有其独特的环境和特点，熟悉乡村儿童的生活环境、个性特点及需求；乡土课教师对乡村有深厚的感情和兴趣，欣赏乡土文化的价值，能认识到乡土文化是一个地区独特的文化遗产和精神财富，它蕴含着丰富的历史、民俗、艺术等内涵；乡土课教师愿意在教学中让乡村的儿童了解和喜爱本村、本土的文化，增强乡村儿童对乡土的认同感。

2. 热爱乡村教育，关爱乡村儿童

乡土课教师能意识到乡村教育在硬件设施、师资力量、教学方法等方面存在诸多不足，这些不足限制了乡村儿童的教育机会和未来发展。乡土课教师有意愿去改变这些现状，在乡村的土地上，用好乡村的资源，提升乡村教育质量，为乡村孩子带来更丰富的课程和更好的教育。

3. 拥有开放的心态，能主动接纳新知与变化

乡土课教师面对新的教学理念、方法和技术能够积极接纳，应不满足自己现有的知识体系，

愿意去了解、去学习、去尝试新的教育理念和教学方式；乡土课教师能尊重多样性和差异性，知道每个学生都是独特的存在，有不同的兴趣、能力和文化背景，努力营造一个包容、和谐的课堂氛围；乡土课教师能平等对待所有学生，鼓励学生尽情表达自己的观点，培养学生的独立思考能力与自主学习能力；乡土课教师应愿意接纳来自同事、学生和家长各方面的反馈和建议，并将这些反馈和建议视为自我提升的动力及激励，而不是表现出反感、抵触或视为批评。

乡土课教师能理解田字格公益“立足乡土，敬爱自然，回归人本，走向未来”的教育理念，理解乡土人本教育既要紧密结合乡村的实际情况和本土文化，也要关注孩子的内心需求和成长过程。同时注重他们的品格和情感培养，使他们成为全面发展、有责任感、有担当的人。

即使您是一个没有多少教学经验、对乡村教育不太熟悉且没有多少乡土文化积累的教师，但只要您愿意不断地学习和尝试，拥有开放的心态、有行动力，爱乡村、爱乡村的儿童、爱乡村教育，那您就是一个具有乡土课教学潜力和教育热情的教师，乡土课教师的队列中一定有您的位置。

（二）乡土课教师需要怎样做

如果您已经做好了开始乡土课教学的心理准备，接下来，我们将进入具体课堂的准备。

1. 课前

开课前教师需要仔细阅读“引导手册”及其课件、“探索手册”，熟悉教学内容并根据实际情况调整。此项工作最好在开课前一周开始，以便有充足时间根据需要调整课堂活动、准备教具或踩点观察等。

（1）**熟悉教学内容**：教师需要清楚每一堂课的教学目标、教学环节，以及每个环节的用时安排、教学要求，理解每个环节设置的目标；教师可以对课程中涉及的人、事、物，结合本土的实际情况做调整，可通过搜集与本土相关的资料和图片做替换；在一些教学活动中，教师也可根据班级学生的人数等实际情况进行相应调整。

（2）**熟悉教学方法**：教师对其中涉及的自己第一次接触的教学方法，要提前模拟，以便能更顺畅地在课堂运用。

（3）**准备教具**：教师了解课程需要的教具类型和数量，对于乡土素材，需要提前自己搜集或请学生帮忙搜集，做好充分准备，以确保教具类型、教具数量、乡土素材的一致性和互补性，从而更有效地指导教学。

（4）**观摩示范课**：可登录田字格公益的网站（https://www.tianzigengo.com/），在“学习园地”栏目的“课程资源”部分观看乡土示范课。

2. 课中

在课程设计中的每个环节，教师都要带学生尽量完成，包括乡土开课辞、课堂约定、上节课回顾，本次课学习活动的组织、分享和本节课总结等。只有课程环节完整，才能形成课程的闭环，让学生真正学有所得。

为了确保活动的连贯性，按照现在学校一般一节课 40 分钟的课时，建议一次乡土课利用连续的两课时开展，设置 80 分钟，这是为了使学生能够充分投入并获得更大的收获。教师在课程开始时给予学生适应时间，解释课程这样安排的目的，同时可以根据课程开展情况灵活安排短暂的休息时间。教师也需要和学生达成默契，允许学生在需要时以简单的手势或眼神示意离开教室去洗手间，以减少对课堂的干扰，并要求他们尽快返回。

在课程中，我们建议：

（1）**使用计时工具**：凡是学生的小组讨论、自主学习、分享及活动，一定要设定时间，使用计时器或班班通上的计时程序计时。

（2）**使用“探索手册”**：教师根据教学环节需要使用，且由学生完成。

（3）**有序开展活动**：每项活动开始前，教师都需要先说明规则（规则亦需要根据班级情况及时调整），并在活动中关注学生的执行情况，与此同时还要关注学生的学习状态，及时点评，以好的示范来提示学生遵守规则，培养学生的规则意识。

（4）**给予学生肯定**：乡土课鼓励学生表达、合作、创造和分享，教师对学生的相关表现要及时关注、肯定、称赞和鼓励，引导学生拥有我们希望的行为倾向，潜移默化地培养学生的良好品质。

（5）**开展课堂总结**：教师对每堂课的总结不局限于本课知识点的归纳梳理，还可以包括学生在表达、合作、分享及创作上的表现。

（6）**布置课堂作业**：教师组织学生完成“探索手册”或作品的创作。此外，教师需要提前了解下次课的教具材料等是否需要学生帮助搜集和准备，如需要亦可作为作业进行布置。

3. 课后

教师可以在课后批改学生的“探索手册”，了解学生对课程内容的掌握情况；教师还可以撰写教师日志，反思课堂，帮助自己更好地成长。

（1）**批改“探索手册”**：“探索手册”不仅可以为学生提供较为清晰的学习目标，也可以帮助学生理解学习任务，更是教师评估学生学习进度和理解程度的工具。建议教师定期批改，给学生反馈。

（2）**管理学生作品**：教师及时收集、拍照、整理、保存、分享学生作品，也可以安排学生小助手协助进行。

（3）**撰写教学日志**：教师记录教学中的观察、思考和决策；总结教学过程中的成功经验和遇到的挑战；记录教学中的亮点和创新点，以及克服困难的过程，这些都是教师成长的财富积累。

（4）**记录学生表现**：教师记录学生在课堂上的表现，包括积极参与课堂提问、讨论和作业完成情况等内容，分析出学生在学习过程中的强项和需要改进的地方。

第四章 教学方法及工具

一、教学方法

为了坚持“以学生为中心”的理念，乡土课会采用充分激发学习兴趣、促进有效学习的五步教学法，让学生“做中学，乐中学”。《吾乡吾土的探索与实践》一书对五步教学法有比较详细的介绍，这里将重点介绍小组合作学习、户外教学、游戏化教学、创造与行动、分享展示等乡土课常用的课堂教学方法。

（一）小组合作学习

小组合作学习是“以学生为中心”的课堂组织形式，它会增加课堂中学生个体与学生个体、学生个体与学生群体以及学生群体与学生群体间的互动，提升学生在课堂学习中的主体地位，让教学不再局限于教师的直接教授，能够最大限度地培养学生的合作能力和社交能力。

现在，很多教师都会使用小组合作学习，但很多课堂上的小组合作学习只具其形。因为课堂内要开展真正有效的小组合作学习，需要教师在课堂教学中创造条件并有意识地去培养。我们将从以下四个方面来说明如何在课堂上开展有效的小组合作学习。

桌椅摆放：学生的桌椅需要调整成方便小组学生面对面讨论、合作的形式（可参考本书第五章内容）。如果受学生数量与教室空间限制无法调整桌椅摆放，则以现有“秧田”式桌椅摆放形式，让前后四个学生形成一个小组，也能实现小组学生面对面讨论交流的场景。

分组方法：分组遵循的原则是“组间同质，组内异质”，即综合考虑学生的能力、性格、性别等因素，科学合理地搭配每个小组的成员，实行异质分组，使每个小组的整体实力基本一致。例如，可以先将班里的学生按照综合能力分成 ABC 三组，然后每组都要有 ABC 三种能力的成员，再加上性别、性格、人数等因素的考量，最终分成几个实力均等的小组。建议小组人数一般不超过六人，人数多不易实现小组内部的全员沟通，很容易内部再分化出不同的小团体。但在课堂中给学生分组时，为了不打击学生的自尊，一般不会将这些分组的考量直接展示出来，建议教师直接课前分好组，如果教师能设计出巧妙的分组游戏更好。

团队合作：为了保证小组内成员能够比较好地开展合作，形成学习共同体，一般分好组后，教师让小组成员一起讨论取组名、确定小组口号和“小组约定”等，使他们初步形成团队的概念。要保证合作学习真实发生，教师设置的小组学习目标、任务必须经小组合作才能完成。为实现这一目标，一方面，教师要指导各组设置明确的组内分工，以确保每个成员都承担起一定的小组任务；另一方面，教师也可以通过设置一些组间竞争的奖惩规定，强调集体成果而非个人成果等方式，使每个组员都对完成小组任务负有责任，这样才能够使所有组员都行动起来参与小组的活动，避免小组合作变成个别优秀学生的独角戏，或者小组任务由能力强的学生代替其他人完成。

教师也要培养学生的**合作技能**，即在小组协同学习中所需要的各种组织能力、交流能力、协调能力以及相互尊重的态度等。教师在这个过程中要耐心地提供各种合作学习的方法，可参考“引导手册”每次课中的“合作学习约定”，如分工指导、小组讨论规则、合作语言框架、自评和互评表格等，通过“讲解→示范→演练→反馈”的步骤，一步步帮助学生获得合作学习的各种技能。每次小组合作学习，教师从引导学生做反思总结，到慢慢交由小组成员自己来做，最后变成小组集体的自我总结、自我提升。对于低年级或者刚开始接触小组合作学习的学生，不妨先从同桌合作开始。

按需辅导：在小组合作学习时，各组完成任务的进度不一致是经常遇到的情况。如果只有少数小组完成，大部分小组都还没有完成，可以适当延长任务的时间，鼓励提前完成的小组继续优化分享内容，或者帮助其他小组完成；如果大部分小组都完成了任务，只有个别小组还未完成，就要请已完成的小组分享，要求未完成的小组课后再去完成任务，这样有助于培养学生的时间管理意识；如果个别小组一直都无法在课上完成任务，则需要教师给予该小组特别关注，了解原因，并根据原因有针对性地解决问题。

（二）户外教学

在户外环境中体验学习，是乡土课上经常使用的课堂组织形式。通过参与户外教学，学生将在体验中认识自然万物，建立与大自然及生活环境的联系。

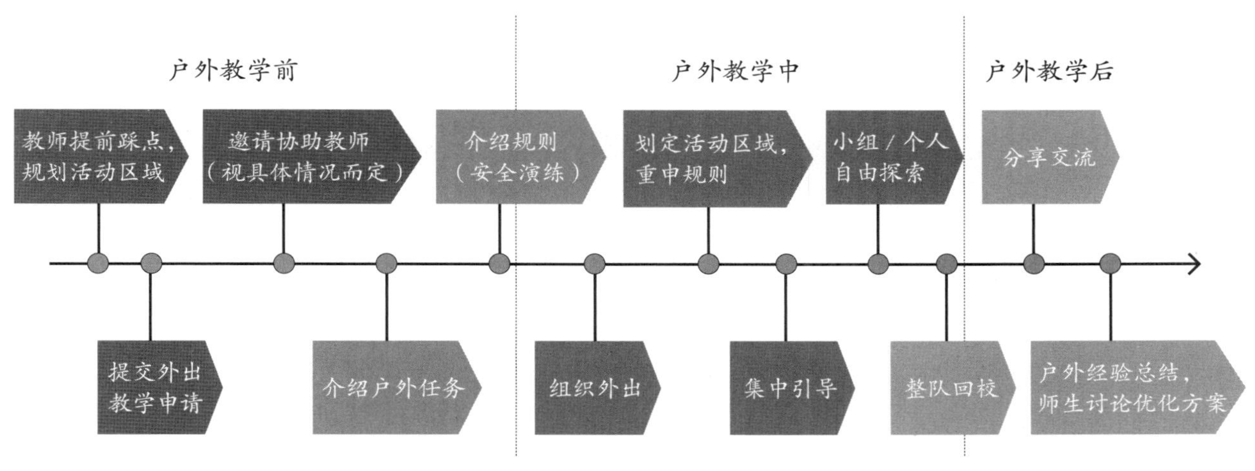

图 1　户外教学基本流程

田字格公益的户外教学有一个比较成熟的流程，如图 1 所示，课程中的户外探索及课后的复盘总结，在每个主题的“引导手册”中有详细的方案介绍，这里重点介绍开展户外教学前需要做的五项准备工作。

活动踩点：学生外出开展户外教学前，教师需要提前踩点，选择合适的地点（距离合适、视野开阔、无安全隐患等），划定学生的活动区域，并做好安全预案。

提交申请：根据学校规定，教师视需要提前提交外出教学申请。

邀请协助：如果是第一次带学生开展户外教学，建议教师根据学生数量邀请其他教师协助以保障学生安全。

介绍任务：教师在组织户外教学前，需先和学生明确观察、调查任务，并为学生提供开展观察、调查的方法，如从哪些角度观察、询问哪些问题、如何填写“探索手册”等。

安全演练：户外教学最重要的安全原则是“令行禁止”。教师第一次带学生正式外出开展户外教学前，要**带领学生制定“户外课堂约定”以及“违反约定的处理方法”**。同时，最好通过安全演练训练学生，使其了解规则、遵守规则、听懂指令，并能按照指令迅速行动。安全演练可在校园内开展，主要模拟外出时可能面对的各种情况，以及正确的应对措施。

模拟场景一：出发前的列队。学生按照组别在教室外迅速列队，二至三个小组合并成一队。队长站在队伍最前端，副队长站在队伍最末端，安全员站在队伍中间（教师可提前选出队长、副队长、安全员，也可根据实际情况调整）。这个过程主要是训练学生快速且安静地按照要求排好队伍。户外行走过程中要排成队列，保证学生行动的秩序，一旦有学生脱队，队伍能第一时间察觉。

模拟场景二：走出校门，去观察点的路上。这个场景主要模拟可能出现的各种潜在危险，如前后来车、过马路、前方出现不明情况（有狗、大量人群等）、队伍中某学生出现情况（身体不舒服、系鞋带等）等。一般是由队长或副队长发现情况并报告，然后通过互相传递的方式告知全队该情况，队伍暂停行进，问题解决后，教师确认安全后再前进。如前后来车，正确的行动是等待车辆通过后，队伍再通行；过马路时，教师确认安全后，队长带领队伍小跑过马路，最后副队长报告全员通过。

模拟场景三：到达观察点。队长整理队列，副队长确认全体人数，教师再次说明任务并强调观察规则与观察范围，在说清楚队伍集合的口令后再解散队伍。以小组为单位的自由活动观察随即开始。

模拟场景四：集合回校回班。具体流程为：使用集合口令→队长整理队列→副队长确认全体人数→由队长带队回校回班→师生总结外出中好的方面以及需要改进的方面。

如果外出前将以上准备工作全部做到位，且正式外出户外教学时也能严格执行，出现纪律问题时立刻暂停活动，就能够极大地降低户外教学的安全风险。

户外教学也可以先从探索校园开始，一步步拓宽学生外出活动的范围。若确因实际情况难以开展户外教学，“引导手册”也提到，户外观察活动可以采用以下替代方案：拍摄图片、录制音视频、将户外需要观察的实物带进课堂。

（三）游戏化教学

以游戏的形式教学能使学生在轻松的氛围和欢快的活动中，获得体验，学到知识。玩游戏是学生的天性使然，将游戏和教学结合，有助于提高学生的学习兴趣。学生愿意学，学习效果自然也会提升。

游戏教学对教师的挑战主要有两点：

第一个挑战是游戏中如何不偏离教学目标，让学生“玩中学”。教师设计的游戏必须为教学目标服务，同时教师在整个游戏过程中要牢记游戏的目的，并予以引导，在游戏后也要及时引导学生分享、总结。

下面以一个案例说明在游戏教学中如何“玩中学”。

二年级“山中万物”主题的“引导手册”中，其中有一堂课的教学目标之一是“通过游戏，学生理解山中万物互相关联、相互依存的关系”。我们设计了“编织山中万物网”的游戏来让学生更具象地体验、理解这一教学目标。游戏中，教师需要不停地通过提问引导学生思考“山中万物之间的关系”，并在游戏后带领学生总结。

教师请所有学生围成一个圆圈。教师拿着线团，随机选择扮演蜗牛的A同学牵起线的一头。

教师询问:“哪些事物和蜗牛有关系？”扮演喜鹊的B同学就可以举手并大声说出:“我是喜鹊，蜗牛是我的美食。”此时，B同学就可以走到教师和A同学中间，牵着线走回自己的位置。

（此时A同学、B同学都牵着线，线团则继续在教师手中）

教师继续询问:“哪些事物和喜鹊有关系？”和喜鹊有关系的同学可以举手并大声说,以此类推,直到所有的同学都牵线成功。

游戏结束后，教师请学生思考：“你们发现了什么？”（学生表达自己的观点）

教师总结：“同学们，我们今天了解到山中的动植物之间，以及动植物和其他自然事物，都是有关系的。它们就像一个大家庭，每个成员都扮演着重要的角色，缺一不可。每种事物都有它独特的作用，都是大自然中不可或缺的一部分。”

第二个挑战是保证游戏的秩序。游戏前，教师需用明确、清晰、简洁的语言讲解游戏规则，并进行示范，最后通过提问确认、邀请学生复述等方法，确保学生理解规则；游戏中，教师需及时提醒不遵守规则的学生，取消反复违反规则的学生参与游戏的资格；游戏结束后，师生要及时进行总结。

（四）创造与行动

创造与行动是田字格公益五步教学法的其中一步，学生根据所学内容，自主结合不同的知识和经验进行创作。每堂乡土课基本都有创作活动，常见的创作形式有绘画、诗歌、泥塑、拼贴画、绘本制作、多种乡土材料的立体及平面作品创作等。这个环节通常是学生最喜欢、最投入的，每个学斯都会有很多特别精彩的学生作品出现。

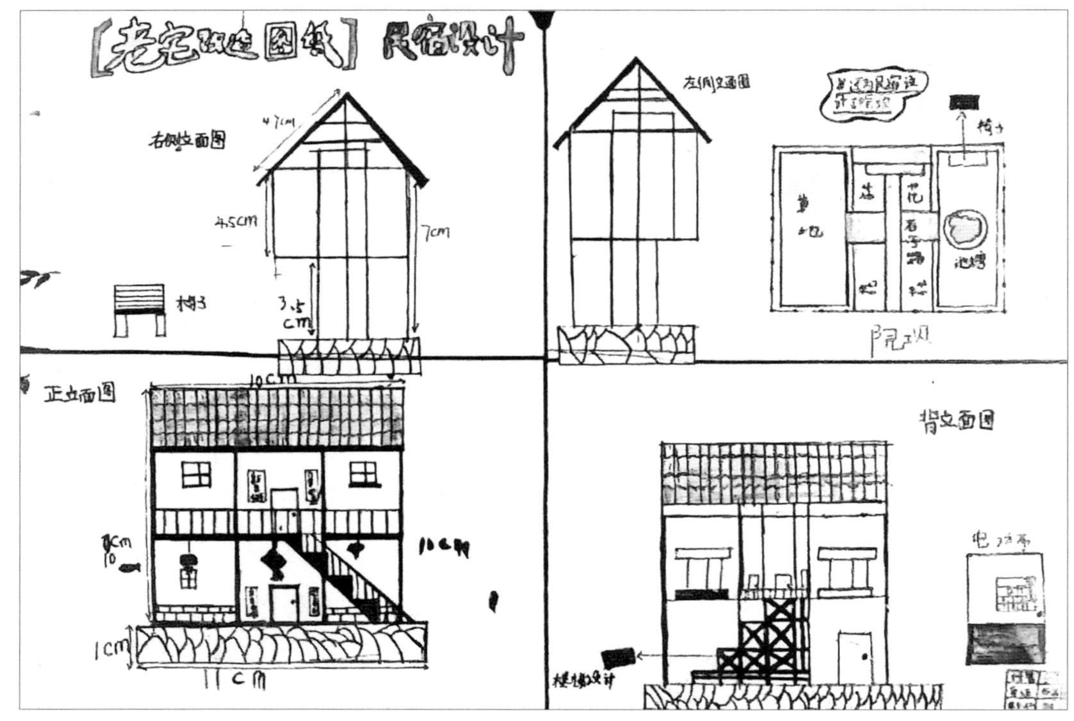

图 2　正安县小雅镇黄渡完全小学三年级学生“山中百居”主题创作作品

创造活动对教师的挑战主要有准备创作材料和指导学生创作。

乡土课上的创作材料，除了常规的彩笔、彩泥、卡纸等，还有很多乡土材料，如秸秆、稻草、豆子、树叶、树枝、泥土、小石头等。我们还鼓励教师带着学生利用废旧物品，如包装箱、包装袋、瓶子、布料等可回收材料来开展创造活动。

如何指导学生创作出精彩的作品呢?

首先，学生眼中的世界是丰富多彩且充满想象力的，除了追求科学性、准确性的“自然笔记”，教师还应鼓励并肯定学生的大胆想象和创作，让他们不必追求单一的“像”和“好”。

其次，如果教师自己不擅长绘画、手工等创作，可以根据相应的任务，提前通过网络、书本等，准备好相应的、充足的范例图片或教程视频，以激发学生的创作灵感。

教师可以将复杂的创作任务分解为几个小步骤。每次创作后，通过自评、互评和教师评等多种方式，从线条、形状、色彩运用以及整体构图等方面，为学生提供具体而有效的反馈。教师应指出学生的优点并提出改进建议，让学生了解自己的成就和不足。

（五）分享

分享，同样是田字格公益五步教学法的其中一步，指学生将自己对课堂的了解、创作和学习的成果等进行公开展示交流，有个人、小组的形式。

每堂乡土课基本上都有分享环节，教师遇到的最大挑战是学生不愿意分享或不知道该如何分享。这要求教师要让学生熟悉分享规则，让学生清楚上台分享的流程及规则。之后让学生在课堂上多练习，教师通过示范、鼓励、耐心引导甚至游戏的方式来推动学生走上讲台，慢慢让学生变得乐于分享、善于分享。

遇到“台上学生分享，台下有些学生不认真听”的情况，建议教师先向学生强调“倾听”的规则，同时及时表扬认真倾听的学生或小组，给出正向的引导。若分享时间较长，则建议教师同时给台下学生布置一些小任务，如让台下学生做评委，观察、点评台上学生分享表达时的优点以及需要改进的地方；或者台上学生分享后，让台下学生复述刚刚台上学生分享的内容等。

除了课堂上的分享，如果有可能，建议教师给学生创造更大的分享平台，如将学生的作品在校园内展示，或组织全校性的活动并鼓励学生参加，让他们被更多同学“看见”。

二、教学工具

乡土课上常用的教学工具有思维导图、五感学习法，帮助学生形成结构化思维。

（一）思维导图

思维导图是一种可视化的表达发散性思维的有效图形思维工具，通过图形和线条将信息层次化地展示开来。中心主题位于中央，相关的子主题和细节通过分支延展出来。思维导图能够帮助学生将复杂的信息结构化，以加强记忆和理解。乡土课上，一般中年级的学生使用较复杂的思维导图，低年级的学生使用较简单的思维导图，也就是“气泡图”。“气泡图”是用线段连接大小不同的圆圈，圆圈内可以写字也可以画图，圆圈像泡泡一样，所以称为“气泡图”。“气泡图”中心的大气泡，就是中心主题，周围发散的较小气泡，是中心主题之下的小主题。

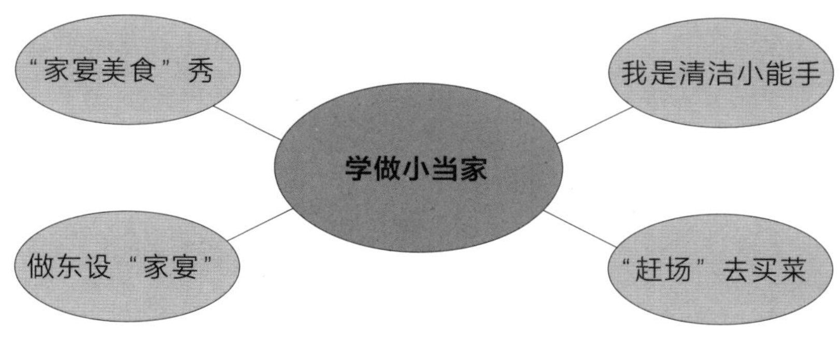

图 3 “大山·家”中“学做小当家”单元主题“气泡图”

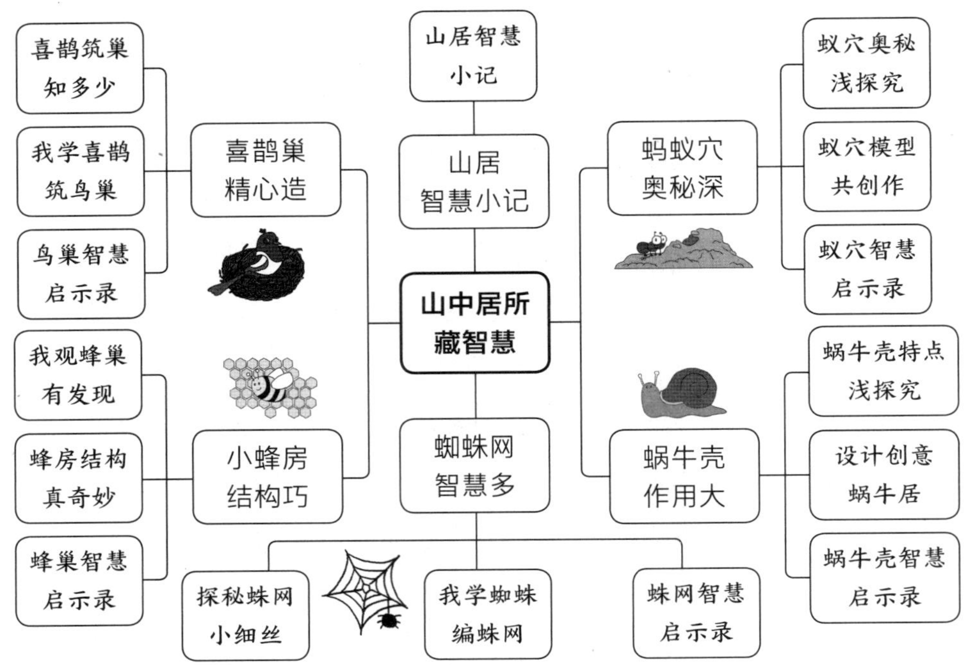

图 4 “山中百居”中“山中居所藏智慧”单元思维导图

在每个主题的乡土课中，通常在每个单元的最后一节课，都会有绘制思维导图的环节。通过这种方式，教师引导学生回顾整个单元乃至学期所学的内容。

（二）五感学习法

五感学习法是一种利用人体五感，即视觉、听觉、触觉、嗅觉和味觉，进行学习的方法。通过感受不同感官的刺激，学生能够多层次、多角度体验和理解学习内容。这种方法鼓励学生在实际操作和体验中获取知识，增强记忆力和理解力。

五感学习法的关键在于不仅仅让学生用耳朵听，还要尽可能地让学生利用其他感官参与到学习过程中。多一个感官的信息加入，学生对所学内容的认识就加深了一步。五感学习法特别适用于需要直观理解和体验的学科，如科学、艺术、语言学习。

第五章 教学资源

教学资源指在教学过程中，教师和学生可以利用的所有有助于教学和学习的课程资源、设施资源、环境资源等。课程资源包括教案、课件、教具等，这些构成了教学内容的基础。田字格公益为乡土课教师提供一系列的课程资源，包括“引导手册”及其课件、“探索手册”等，教师可直接购买获取，本书中不做过多描述。设施资源是指保证教学顺利开展的硬件设施，包括教室、实验室、图书馆、学校农场等，这些设施为教学活动提供必要的场所。环境资源指学校所处的自然环境、人文环境，乡土课的环境资源包括乡村的自然景观、风土人情、传统手艺等，这些环境资源均可直接作为教学内容，“引导手册”中多有体现。本章将重点介绍乡土课开展所需的设施资源：乡土教室和学校农场。

一、乡土教室：促进学习和滋养心灵的空间

乡土教室，即教师专门用来教授乡土课的教室。一个精心设计的教室环境，不仅能够为学生提供愉悦的学习体验，还能显著增强教学成效。

（一）乡土教室的核心原则

在打造乡土教室时，田字格公益希望学校坚持以下核心原则。

促进师生互动：教师要确保教室空间布局利于学生间的自由交流和与教师的互动。

融入乡土自然元素：教师可以运用乡土素材装饰教室，营造出温馨且亲近自然的学习氛围，激发学生的探索欲与创造力。例如，用常见植物（农作物）的根、茎、叶、果实（玉米棒、稻穗等），各种自然的、形状独特的、富美感的石头（卵石），昆虫标本等装饰教室墙面或室内环境，也可以在教室内种养花草。

营造学生归属感氛围：从装饰展示学生作品的展柜，到张贴班级约定，每一处细节都来自师生们的共同创造，这种氛围不仅能让学生感受到这是属于他们自己的学习乐园，而且增强了学生对乡土课的认同感和团体的荣誉感。

（二）乡土教室的功能划分

在打造乡土教室时，教师需先对整个空间进行区域功能划分，以便学生可以充分交流、展示自我及作品、自由取用学习的所需资料。乡土教室的布局，可由以下几个部分组成。

学生展示区：在乡土教室中，没有传统的教师讲台，而有学生的舞台。在乡土课中，教师的讲台被学生的舞台所取代，舞台是学生用于分享和展示的平台。

学习资料区：建议教师在教室一角设立开放式书架，陈列与乡土课主题相关的图书资料，如绘本、字典、植物图鉴等，让学生随手可以获得学习资料和学习工具。一方面，教师可以在

教室内营造出与学习主题相关的氛围；另一方面，这样的环境也有助于培养和提高学生的自主学习能力。

作品展示区：乡土课强调让学生创作和分享，因此几乎每次课都会安排学生创作，如绘画、作诗、捏制手工作品等。我们建议教师在教室一角设置展览区，或利用学校的空教室打造一间展览室，以保存、展示学生的优秀作品及成果。展示的作品可以不定期更换，以尽量保证每位学生的作品都有机会被展示，让每位学生都能被看见、被肯定。

合作学习区：合作学习区最重要的原则是促进学生学习。乡土课强调“以学生为中心”，将课堂还给学生，因此多采用小组合作学习的教学形式。我们建议教师在合作学习区将桌椅摆放成分小组围坐的“圆桌形”或“马蹄形”，这样同一小组成员能够面对面地交流、讨论、学习，如图 5 所示。

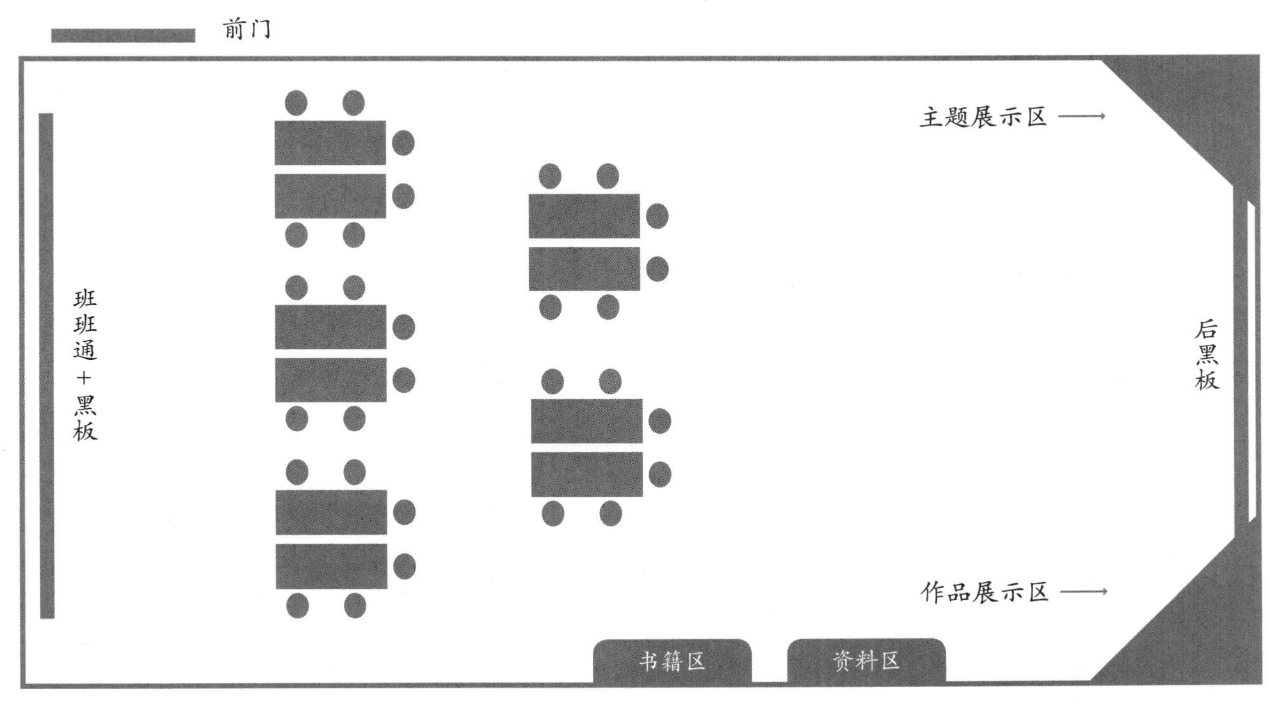

图 5　乡土教室布置参考图

（三）乡土教室的师生共创

田字格公益鼓励乡土课师生共创，在共创中加深情感的交流，乡土教室的打造无疑是共创的关键一环。开学之初，教师应邀请或组织学生共同打造属于自己的学习空间，大家一起商讨如何将教室装扮得更加有利于学习。同时，田字格公益建议教室里的班级公约、各种展示区的装饰，以及墙上的各种内容，都应该尽量是师生亲自动手制作的。这不仅能增加学生的参与感，发挥学生的创造力，还将增强学生的归属感和认同感。上述的一切同样也适用于乡村学校校园文化和校园环境的打造。

二、学校农场：体验劳动与亲近自然的基地

学校农场，是指在学校范围内或学校管理的土地上设立的农业种植区域。农场为学生提供亲身参与、体验农耕活动以及亲近自然的机会，也是乡土课的户外课堂。

（一）农场建设与预算

学校农场最好选在校园内部，便于管理；面积根据学校情况而定，可大可小，最好是半亩（约 330 ㎡），便于划分地块进行种植规划。在允许的情况下，可以将学校花坛或坡地改造为农场。

农场投资预算：

（1）农场租赁费。

（2）劳动工具（主要指农具）费用，学生劳动用品费用，如草帽、雨鞋、手套等。

（3）种子、有机肥等生产资料费用。

（4）硬件设施建设费用，如建造工具间、农场道路及绿化美化（可就地取材）的费用，用工工时费用（参考当地标准）。

（二）农场设计与管理

农场是学生劳作的场地，它创造学生与土地、自然亲密接触的机会，更是施展创造力、感受美、收获美及成果的大舞台，所以农场工程要避免粗糙，土地要精耕细作，也可以做些设计，如：

（1）农场（劳动教育）示意图及农场公约，安放在农场入口处。

（2）农场可以用栅栏圈围，栅栏材料可使用毛竹、木头、木皮、砖石块等。

（3）统一设计蔬菜品种展示牌，包含品种、种植时间、负责班级或小组等信息，可适当发挥学生创意，体现个性。

教师应鼓励学生通过每日劳作进行农场管理，建议在春夏季的早上、秋冬季中午或课后延时的时间进行每日劳作活动，每次 20 分钟即可。学校可依据农时指导学生每日劳作，包括翻整土地、育苗、播种、田间管理（施肥、浇水、除草、除虫等）、农作物观察、采摘等。

开展每日劳作前，需要做如下准备工作：

（1）教师明确本次劳作内容，指示要清晰。

（2）明确本次劳作的流程和安全注意事项。

（3）准备劳动工具。

准备工作完成后，教师就可以带领学生列队到农场，随后教师介绍任务，讲解安全注意事项并分配任务。学生在劳作时，教师需随机巡视，遇到问题及时给予指导。需注意的是，教师一定要留出集合总结的时间。

第六章 评估

评估，作为一种系统化的方法论，通过搜集和分析信息判断项目、服务等的有效性、影响力。在教育领域，它既用于衡量既定课程目标、课堂目标的达成情况，也用于识别教育各环节的问题，改进教育流程，提升教育质量。本章将首先分享第三方评估机构对乡土课实施效果的评估内容，第三方评估机构提供的客观视角能够帮助我们了解乡土课是否达到了预期的目标。接下来，将介绍乡土课的课堂评估标准及学生评估的方式和工具，通过多种方式全面、深入地评估乡土课的教学效果，优化乡土课的教学实践。

一、课程评估

课程评估，是指通过科学工具来衡量课程内容和教学方法的有效程度。乡土课在贵州百余所乡村学校践行八年多，多家第三方评估机构受邀通过问卷调研、访谈等方式评估乡土课的实施效果。本章简要摘取了来自中国发展研究基金会与北京七悦社会公益服务中心[1]的两份评估报告。

（一）中国发展研究基金会评估报告（摘要）

2024 年 1 月，中国发展研究基金会调研了贵州省遵义市正安县、遵义市务川仡佬族苗族自治县、黔西南布依族苗族自治州贞丰县的项目学校和非项目学校，评估回收学生问卷 3511 份（其中非项目学校的学生 395 名），教师问卷 385 份（其中非项目学校的教师 235 名），对样本进行了比对分析和解读。以下选编部分报告摘要。

1. 学生问卷分析摘要

是否参加乡土课的差异分析：调查显示，是否参加乡土课的学生，在学校归属感、同伴关系、师生关系、教师教学、作业情况、教师对学生的评价、对家乡的了解等方面，不同程度地存在差异。如，与未参加乡土课的学生相比，参加乡土课的学生认可自己是学校一分子的比例和觉得学校安全的比例更高；参加乡土课的学生被同学欺负的比例更低、与教师关系好的比例更高、语文或数学教师关心自己学习的比例更高等。

乡土课实施效果评价：大部分学生对乡土课持积极态度，七成左右学生喜欢乡土课的教师和内容，82.46% 的学生期待继续上乡土课，62.04% 的家长支持孩子上乡土课。学生在乡土课各类活动中参与度较高的是：和同学合作完成乡土作业、小组讨论、手工活动、游戏互动和户外观察。满意度较高的是：同学合作完成乡土作业、小组讨论、游戏互动和户外观察。63.26% 的学生认为上乡土课的收获非常大或比较大，六成左右的学生认为上乡土课更有助于了解家乡的人、事、物，提高自信心和学习兴趣，掌握更多新的学习方法，改善同伴关系，拓宽视野，建立规则意识，提

1　北京七悦社会公益服务中心是由北京师范大学社会公益研究中心师生发起的社会组织，陶传进教授任理事长。

高小组合作能力，提高表达能力等。六成左右的学生认为，与其他课程相比，乡土课在与日常生活联系的紧密度、到自然中通过实地体验和探究开展学习、鼓励团队合作、提供更多自我展示的机会和舞台、鼓励发现并提出问题、教学方式更加有趣和吸引人等方面具有优势。

2. 教师问卷分析摘要

主要针对教师问卷和学校背景信息问卷进行分析，主要结论如下：

项目运行基本情况：项目学校参加项目的教师比例在校际之间差异较大，中位数为 21.05%。最小值只有 4%，最大值是全体教师都参加了项目。大部分项目学校为开展项目增加了支出。女教师、本科学历教师、语文美术学科教师、班主任参与的项目更多。项目教师工作量和压力感与非项目教师之间不存在显著差异，五成项目教师认为培训和指导足够，七成以上项目教师认为项目提供的教学资料有用、对教师问题回应及时、督导教学有用。

项目实施效果评价：在创新交流的学校文化氛围、个人效能感、教师协作频率和类型、培训量和内容覆盖等方面，项目教师没有显著优于其他教师。教师参观其他学校的数量显著多于其他教师，显示了项目组织校际交流活动的成效。从教师能力角度看，教师参加项目时间越长，自述对乡土课与国家课程融合的能力越强，采取新教学活动形式的次数越多；但是在教学方法掌握、学生评价方式、本地化教学表现等方面没有显著优于其他教师。项目学校对项目效果的评价包括积极评价、不表明态度、反对三种类型，以积极评价为主。六成校长认为项目提升了基础课的质量，过半项目教师认可项目促进了学生非智力因素发展、教师专业发展；教师参加项目时间越长，越认可项目对家庭关系、家校关系和爱家乡教育的改善。

（二）北京七悦社会公益服务中心评估报告（摘要）

2022—2024 年，北京七悦社会公益服务中心的评估横跨 3 年实践周期。在整个评估周期内，评估团队在北京师范大学陶传进教授的带领下走访了贵州省黔西南布依族苗族自治州贞丰县乡土课项目学校，对 23 位教师展开了深度访谈，并于 2023 年 6 月对贞丰县 6 所项目学校的三四年级学生，以及彼时在该县担任乡土课教学的所有教师展开了问卷调查。本书选编部分报告摘要。

报告指出：“乡土课的课程内容本身遵循高轻松度、高趣味性、低任务化的特性，从而激发了儿童的学习兴趣。而老师是将该课程落地的承载者，他们对乡土课的理念是否认同、对乡土课是否感兴趣直接关乎课程开展的效果；当老师基于自我兴趣开展教学时，他们自己是处于打开的状态，所营造的场域才更容易让儿童打开。”

1. 学生受益情况

从学生端来看，以分析框架中的三大侧面为指引，从课程喜爱程度、上课状态、师生关系、同伴关系、知识学习五个细分维度上力图全面分析：

第一，对课程喜爱程度上，6所学校中4所学校的三年级学生和所有学校的四年级学生均有超过半数喜欢乡土课这门课程。

第二，上课状态上，6所学校2个年级的绝大多数学生在乡土课上保持着兴奋的状态，并认为乡土课的学习是快乐的。

第三，师生关系上，6所学校中4所学校三四年级超过半数的学生认为乡土课让自己更敢于与老师交流，有5所学校超过半数的学生认为自己的心事在乡土课上有了倾吐的空间。

第四，同伴关系上，6所学校中4所学校三四年级超过半数的学生认为乡土课使自己与小伙伴的关系变得更好，6所学校三四年级的绝大多数学生均认为乡土课上与同学合作是一件有趣的事情。

第五，在知识学习上，6所学校三四年级的绝大多数学生都认为乡土课让自己学会了观察外部的自然世界，并欣赏到外部自然世界的美。

2. 教师受益情况

首先，乡土课影响和改变了一部分教师已经习惯的用传统方式对待学生的教育理念。教师做出了实际的行动，即能够以肯定、鼓励等积极而非打骂、指责或忽视等消极的方式与学生进行互动，如“我会将鼓励和肯定迁移到日常相处中，学生和自己的关系会拉近”“有一个学生之前答题全靠蒙，现在突然开窍了，因为在乡土课上我会关注他，上课专门给他发言的机会，更多的是肯定他；后来他的变化是开始亲近老师，在我的语文课上更加积极，除了提升语文成绩外，还会主动找老师承担一些班级事务”“以前的上课方式和现在完全不一样，在乡土课的影响下，我会多和学生互动、多鼓励学生、多让学生动手等”。

其次，在理念熏陶、做出行动并看到效果后，一部分老师已经尝试将乡土课中的部分经验迁移至原本的主科教学中，以改变主科课堂的氛围，如“随意性、学生的主导性能够迁移到语文课上；比如将早读课完全交给学生，由学生们自主阅读；多给学生讨论、提问和互动的机会，先让学生说，再由老师说”“孩子们很喜欢乡土课的上课方式，我就把口令、分享等做法迁移到语文课上”。

再次，乡土课上学生的状态改变与紧密的师生互动，让一部分老师的教学积极性被调动起来，激活了他们埋藏已久的教学热情，如“我还想继续学习，让自己的学生在各个方面都被带动起来，因此我愿意继续投入，让这个课越上越好”“让我保持了对教学的热情，我特别享受上课的时候跟孩子们互动”。

最后，通过实地走访与深度对话，发现那些状态好、处于前沿探索位置的老师，与学生端不同维度的数据相呼应，即学生在乡土课上有着更好的感受。

二、课堂评估

为了帮助乡土课教师了解课程教学目标的实现情况，评估教学活动的效果，并确认课堂是否贯彻了“以学生为中心”的教学理念，田字格公益建议教师进行课堂评估，其中包括其他教师评课和自我评课。通过评估，教师可以对教学方法和内容进行相应调整，以提高教学质量。

田字格公益一般从教学实施、学生参与、教学效果和教学创新四个维度评估一堂乡土课，四个方面分别为 60 分、10 分、20 分和 10 分，合计为 100 分。其中，因为乡土课教师一般是直接使用田字格公益提供的“引导手册”中的教学设计，所以乡土课的评估维度不包含教学设计部分。第四个维度“教学创新”是鼓励每个乡土课教师能结合自己本地的乡土资源、乡土文化，以及本校、本班的实际情况，对教学设计进行二次修改，使课程内容更适合自己的学生。

具体的课堂评估标准如下：

1. 教学实施（60 分）

1-1　教学准备充分，合理使用乡土课课件、教具、“探索手册”（7 分）

□ 班班通与课件提前打开（2 分）

□ 教具准备充分（2 分）

□ 课堂使用“探索手册”（2 分）

□ 备课充分，对教学内容和环节熟悉（1 分）

1-2　教学环节与“引导手册”上的教学设计基本吻合（8 分）

□ 课程开始有课堂回顾环节（1 分）

□ 教学环节不缺失（环节缺 1 个扣 2 分）（6 分）

□ 课程结束时有课堂总结环节（1 分）

1-3　教学过程完整，环环相扣，时间分配合理（10 分）

□ 课堂导入有趣，能激发学习动机（2 分）

□ 环节间衔接自然流畅，层层递进（2 分）

□ 结尾有总结与升华，紧扣主题（2 分）

□ 课堂各环节环环相扣（2 分）

□ 时间分配合理，教师讲授不超过 30 分钟（2 分）

1-4　教师能根据环节需要实现角色转变，激发学生兴趣，促进学生学习（15 分，此项根据课堂设计进行评分，有但没做到则按每项 3 分扣分）

□ 组织者：通过提问引导、氛围营造、节奏把控、总结升华等推进课程，并具有调控、应变能力

□ 演员：肢体动作、表情丰富，语调有起伏，有感染力

□ 引导者：提问有启发性，开放性问题与封闭性问题相结合

□ 帮助者：在学生开展任务时，给予适度帮助（如提供必要的学习工具和样本参考、建立求助顺序）

□ 评估者：对学生的课堂表现给予及时、明确、具体的反馈

1–5 教师表达清晰，指令清楚，语言准确简洁（5分）

□ 表达清晰，普通话标准（1分）

□ 语言准确简洁（2分）

□ 指令清楚，无前后矛盾（2分）

1–6 教师在教学过程中和善、坚定（10分）

· 和善

□ 态度亲切自然（1分）

□ 使用至少3次鼓励性话语（2分）

□ 表扬具体有效（1分）

□ 表扬正面典型而非批评为主（1分）

· 坚定

□ 教师能与学生共同遵守活动规则（2分）

□ 及时关注课堂中的违规行为，引导学生遵守课堂规则（1分）

□ 对学生的违规行为根据班级公约做出恰当处理（2分）

1–7 板书遵照既定规范，条理清晰（5分）

□ 有板书（1分）

□ 板书书写规范且字迹笔顺正确（2分）

□ 板书条理清楚，能体现教学重点（2分）

2. 学生参与（10分）

2–1 2/3以上的学生能积极参与课堂（5分）

□ 学生2/3的时间注意力较集中（1分）

□ 提问互动中，2/3的学生踊跃发言（2分）

□ 2/3学生能主动参与任务（2分）

2–2 2/3以上的学生能遵守课堂规则（5分）

□ 学生在课堂上的坐姿、站姿端正（1分）

□ 学生能遵守发言礼仪，认真聆听他人发言（2分）

☐ 学生在课堂上的说话音量符合相应环节要求（如小组讨论时，学生的音量为“2”，发言时学生的音量为“3”） （2分）

3. 教学效果（20分）

3–1 学生能达成本次课的教学目标（参考“引导手册”）（10分）

☐ 以教学目标的实现效果为评分标准（从学生的表达、成果创作中体现）

3–2 在教师引导下，学生的核心素养得到训练与提升（10分，按照本次课相应环节体现的能力目标划定分值比例，如本次课有合作、分享环节，则按合作环节5分、分享环节5分予以评分）

☐ 合作力：小组能有序讨论，并按要求进行分工，完成任务

☐ 表达力：学生乐于分享，并遵守分享规则与礼仪，表达较清晰完整

☐ 创造力：学生乐于发挥自己的创造力与想象力进行创作

4. 教学创新（10分）

4–1 教师能结合本校、本班实际情况，优化调整教学设计（5分）

☐ 根据班级人数、学生特点做出一定的优化调整 （2分）

☐ 优化调整对于实现教学目标有显著作用 （3分）

4–2 教师能有效运用本土素材（乡土资源、文化等）开展教学创新（5分）

☐ 使用本土素材 （1分）

☐ 借助学生生活经验或辅助完成教学目标 （1分）

☐ 创新性地运用本土素材 （3分）

三、学生评估

除了评估课堂，乡土课教师也需要根据教学目标，对学生学习任务的完成情况和质量进行评估。评估既是为了帮助学生了解自己的学习情况，促进他们持续成长，也是为了帮助教师了解自己的教学效果，能够及时调整教学计划、教学方法等。

乡土课的目标是培养学生的8大核心素养，所以评估方式强调**多元评估**。多元评估能够打破教师对于学生的一贯认知，让教师看到学生更多的闪光点。其中包括：

当堂评估：每个主题的“探索手册”上有每堂课的教学任务——“今日收获”，教师能够通过学生在“探索手册”上的记录、作品了解学生当堂课的学习情况；学生在课堂中的言语行为，也可以作为教师评估学生的依据。

单元评估：每个单元结束时，“探索手册”上有“我的单元成长档案”，包括学生自评、小组互评、

教师评价三个部分，学生自己反思学习的表现和进步，同伴互相能看到合作中的亮点和不足之处，教师则根据学生的课堂表现，提供个性化的反馈和建议，如图 6 所示。

学期评估：每个学期末，“引导手册”中提供了“学生学期评价量表”，教师综合评价学生整个学期的表现，如图 7 所示。

我的单元成长档案

小组互评

我的名字：　　　　　　我的分工：

序号	评价维度	评价人				
1	轮流发言					
2	专注倾听					
3	做好记录					
4	达成共识					

完全做到：○　部分做到：△　没有做到：?

小组合作时，小组成员有哪些好的合作行为：

小组成员的哪些行为，可以做得更好：

图 6 《山中百居（下）》（探索手册）我的单元成长档案

素养目标	评价标准			
	非常出色	再接再厉	努力加油	还需改进
自信分享	1. 愿意分享 2. 较为自觉地遵守分享规则 3. 分享主题明确、内容清晰丰富	1. 愿意分享 2. 遵守分享规则 3. 分享主题明确、内容清晰	在教师引导下： 1. 愿意分享 2. 遵守分享规则 3. 能围绕主题分享	1. 不愿意分享 2. 不能遵守分享规则 3. 分享主题不明确、内容不清晰等
社会责任	1. 大多数情况，能自觉遵守各项规则 2. 能尊敬长辈 3. 愿意主动尝试承担家务	1. 半数情况下，能遵守各项规则 2. 能尊敬长辈 3. 在他人指导下，能分担简单的家务	在教师引导下： 1. 有遵守各项规则的意识 2. 有尊敬长辈的意识 3. 在他人的要求下，能分担家务劳动	经教师多次提醒： 1. 无法遵守各项规则 2. 不尊重老师、长辈与同学等 3. 不愿意或不做家务等
勇于探究	1. 对课堂主题表现出强烈的好奇心和探究兴趣 2. 能积极参与观察、探究活动	1. 对课堂主题表现出一定的好奇心和探究兴趣 2. 能较积极地参与观察、探究活动	在教师引导下，能参与课堂的探究活动	学生消极对待探究活动，不愿意尝试等
实践创新	1. 能辨认并正确使用常用的清洁工具 2. 能发挥创意和想象力，进行简单的物品设计，作品契合主题，形象生动	1. 能辨认常用的清洁工具 2. 能发挥创意和想象力，进行简单的物品设计，作品契合主题	1. 在教师引导下，知道常用的清洁工具 2. 能根据主题，进行简单的物品设计	不认识清洁工具，不能进行简单的物品设计等
乐学善学	1. 在大多数课堂中，能积极举手发言、参与活动，认真完成课堂任务 2. 能绘制层次完整、字迹工整的三级主题“气泡图” 3. 能认真完成“我的成长档案”，初步认识自己和组员的学习和行为表现	1. 半数课堂中，主动举手发言、参与活动，完成课堂任务 2. 能绘制完整、清晰的三级主题“气泡图” 3. 能认真完成“我的成长档案”，初步认识自己和组员的学习和行为表现	在教师引导下： 1. 能举手发言、参与活动，经教师提醒有改进 2. 能绘制三级主题“气泡图” 3. 能完成“我的成长档案”	1. 大部分课堂中，不积极参与，经常开小差等 2. 不能绘制三级主题“气泡图” 3. 不能完成“我的成长档案”
沟通合作	1. 能积极参加小组讨论 2. 能认真遵守“轮流发言”“专注倾听”“举手表决”等合作学习约定 3. 能围绕主题或任务，认真完成自己的分工	1. 大多数情况能积极参加小组讨论 2. 能基本遵守“轮流发言”“专注倾听”“举手表决”等合作学习约定 3. 能围绕主题或任务，完成自己的分工	1. 能有序参加小组讨论 2. 能围绕主题或任务，在他人帮助下完成自己的分工	1. 消极对待小组任务 2. 不能遵守合作学习约定等
审美情趣	1. 能用简短的话或者词语欣赏他人作品 2. 创作的作品，主题鲜明、线条流畅、轮廓清晰、色彩协调、作品内容丰富、画面干净（任意达成2点即可）	1. 能欣赏他人作品 2. 创作的作品，主题鲜明、线条流畅、轮廓清晰、色彩协调、作品内容丰富、画面干净（任意达成1点即可）	在教师引导下： 1. 能有序参加欣赏他人作品的活动 2. 创作的作品符合主题	1. 不愿意参加欣赏他人作品的活动等 2. 消极对待创作活动，作品混乱，内容不清晰

图7 “大山·家”（上）学生学期评价量表

结束语

《吾乡吾土指导纲要》由被田字格公益称为“铿锵玫瑰”的肖诗坚、王莹、孔美、田艳莉撰写，向春蕾、吕英敏协助全书的校对工作。

自2017年在兴隆田小开启乡土人本教育的探索之旅，直至本书的出版，社会各界积极参与，我们在这个过程中获得了广泛支持，在此，我们向所有支持者致以最诚挚的感谢！

贵州省正安县田字格兴隆实验小学作为乡土人本教育的实践典范与乡土课的摇篮，为我们提供了丰富的课程教学经验，是我们重要且宝贵的实践基地。

中国发展研究基金会为“乡土村小”项目学校实施乡土课提供了强有力的支持，为乡土教育的蓬勃发展注入了新活力。

贵州省正安县教育体育局、毕节市七星关区教育局、贞丰县教育局、兴义市教育局和务川仡佬族苗族自治县教育体育局等相关教育主管部门，多年来始终坚定不移地支持着乡土教育项目，为百余所乡村小学的一线教师顺利开展乡土课教学提供了坚实保障。这些一线教师在教学实践中积累的丰富经验，以及地方教育主管部门针对过往教学、教案、课堂反馈提出的宝贵意见与改进建议，不仅极大地推动了田字格公益乡土课课程设计的持续精进与完善，更为成功编纂“吾乡吾土”丛书奠定了坚实基础。此外，北京师范大学郑新蓉教授为本书提供了宝贵的指导意见。

在此，我们向所有为本书付出辛勤努力的成员表示最诚挚的感谢。我们希望从兴隆田小开始的这场乡村教育实验，通过“吾乡吾土”丛书扩展到更多的乡村学校，惠及更多的乡村孩子。

田字格公益一直走在乡村教育探索的路上。

本书编写组

2024年11月